重力树 · 科学名人传记绘本

重力树

一棵启发了世界的树的真实故事

[美]安娜 · 克劳利 · 雷丁 著 [美]今村茉莉 绘 阿甲 译

中信出版集团 | 北京

本书作者非常感谢博德·杜勒曼博士、
彼得·库琴斯基博士和美国国家科学基金会
（特别是乔什·查莫特）在专业知识领域的支持。

图书在版编目（CIP）数据

重力树 / (美) 安娜·克劳利·雷丁著 ; (美) 今村
茉莉绘 ; 阿甲译. -- 北京 : 中信出版社, 2022.9
（重力树·科学名人传记绘本）
ISBN 978-7-5217-3984-8

Ⅰ. ①重… Ⅱ. ①安… ②今… ③阿… Ⅲ. ①牛顿(
Newton, Issac 1643-1727)—生平事迹—儿童读物 Ⅳ.
①K835.616.11-49

中国版本图书馆CIP数据核字（2022）第027703号

The Gravity Tree
by Anna Crowley Redding and illustrated by Yasmin Imamura

重力树
（重力树·科学名人传记绘本）

著　　者：[美] 安娜·克劳利·雷丁
绘　　者：[美] 今村茉莉
译　　者：阿甲
出版发行：中信出版集团股份有限公司
（北京市朝阳区惠新东街甲4号富盛大厦2座　邮编　100029）
承 印 者：北京瑞禾彩色印刷有限公司

开　　本：889mm × 1194mm　1/16　　印　　张：10.5　　字　　数：128千字
版　　次：2022年9月第1版　　印　　次：2022年9月第1次印刷
京权图字：01-2021-6126
书　　号：ISBN 978-7-5217-3984-8
定　　价：76.00元（全4册）

出　　品：中信儿童书店
图书策划：红披风
策划编辑：吕晓婧　郝兰　　责任编辑：陈晓丹　　营销编辑：易晓倩　黄夷白　李鑫橦
装帧设计：李晓红　谭潇　颂煜图文

献给雪莉、威尔、布雷迪、克劳利和奎恩

——一群有潜力改变世界的人。

——安娜·克劳利·雷丁

献给我的父亲，一个享受解决棘手难题的人。

——今村茉莉

树也许看上去很普通。但是，就在几百年前，一棵树即将踏上一段不平凡的旅程。而这一切仅仅始于一粒种子，在那小小的黑壳里，蕴藏着足以改变世界的潜力。

埋在泥土中的种子静静地沉睡着，直到春天的温暖渗透进土壤。苹果的种子饱吸了水分后不断膨胀，直到外壳轻轻一动、一裂，种子破壳而出。

一束细小的根须不断地向下、向下，张网伸展。同时，嫩芽不断地向上、向上，钻孔而出。它迎来了光亮。小嫩叶呈扇形散开，那上面布满了收集阳光的小细胞，它们将金色的光线转化为含糖的食粮，为树木的茁壮成长提供完美的营养。

无论秋冬春夏，这棵树的变化都如同一出壮观的表演。

秋风刮落金黄的树叶，直到光秃秃的树枝经受着冬天的严寒。

树梢绽放花朵，蜜蜂簇拥着鼓鼓的花蕾，直到花瓣掉落，露出正在生长的苹果。

待到苹果树上果实累累，枝头被压得弯弯的，熟透的苹果就要掉下来了。

1665 年夏末的一天，有人来与这棵树做伴。谁坐在它的树冠下？是历史上最伟大的思想家之一——艾萨克·牛顿。

爱提问、追求真理、热爱数学的牛顿就在这棵苹果树的树荫下长大。现在，长大成人的牛顿靠在树干上，他的脑子里塞满了问题。而树上结满了苹果。

直到——
啪！

这“**啪！**”的一声在牛顿的脑海里引发了一连串的问题！

这一连串问题又让他思考起另一个更重大的问题……能否将苹果从树上掉落的缘由用来解释：为什么月球既没有飘离地球，又没有撞向地球呢？

然后，牛顿想到了答案：是重力。万有引力！

他发现，正是那股把苹果拉向地心的隐形力量，阻止了月球飘向太空。

这一科学发现是有史以来最重要、最天才的想法之一。牛顿的命运发生了重大改变。他的想法引起了轰动，这棵树也成了传奇。它得到了一个新名字：重力树。

人们想去看看
这棵树，坐在树下，品
尝树上的苹果——做什么都行，只要可以
靠近这棵激发了如此伟大思想的树！

即使在牛顿去世很久以后，他的思想
依然延续着生命，那棵树也一样。

然而，在 1820 年前后的一个暴风雨的日子里，狂风呼啸，随着

“咔吱”“嘣咚” 的声响，

重力树被刮倒在地。

好奇的人们带走了这棵树的木头碎片——那可是激发了伟大思想的树的碎片呀。有人甚至用一整段树枝做了把椅子，那是思考的完美栖息地。

而重力树本身呢？那真是一幅可怕的景象，一堆枯木朽株独自立在花园里。死了。

但是，就在倒下的树干深处……树的一部分还活着！

随着时间推移，在阳光、雨露的滋养下，新的树根长了出来，向泥土深处钻去。树干的顶端长出了树枝，随着树干越长越大，树枝越来越粗，渐渐枝繁叶茂。

重力树再次引起了人们的关注。那是 1930 年的一个下午，一个奇怪的身影出现在树下。那是一位戴帽子的男士，乱蓬蓬的头发从帽檐下不羁地炸开来。

他就是举世闻名的阿尔伯特·爱因斯坦。

爱因斯坦正要去附近做一个演讲，讲述他伟大、宏大、重要的思想，那些思想正是建立在将近 300 年前牛顿的发现之上。因此，爱因斯坦必须先来看一看这棵激发了牛顿灵感的树。

爱因斯坦并不是唯一一位踏上此旅程的爱刨根问底的科学家。

每位宇航员、天体物理学家，还有成千上万的科学家，都可以将他们的科学旅程追根溯源到这棵树。

就连举世闻名的杰出物理学家斯蒂芬·霍金也知道这棵树！这棵树再次迎来了一位非凡的思想家。1987 年寒冬的一天，霍金来到树下，注视着这棵在思想领域为他开辟道路的树。

霍金一直致力于研究黑洞、引力以及宇宙万物的起源。但是，如果没有这棵树，他关于宇宙的所有宏大构想都不可能产生。

就像那粒曾经很小却蕴藏着巨大潜力的苹果种子，斯蒂芬也蕴藏着改变世界的潜力。

这棵树依然发挥着作用。

无论在哪个世纪，无论什么年代，这棵树都继续鼓舞着全世界的人们，不断超越，迈向更远的远方……

2010 年春天的一天，与其说是谁来拜访了这棵树，倒不如说是这棵树的某一部分拜访了一个新的空间！

三，

二，

一，

发射！

在国际空间站，一名宇航员松开了一小块抓在手中的重力树上的木头，木块没有掉落到地上，而是飘浮在空中。在经历了大约 350 年后，事实证明，牛顿当初的想法是对的！

这棵树的旅程并没有结束！

重力树上的一小块木头，被一位出色的马车制造师当作珍宝镶嵌在英国女王的镀金马车上，准备开启一段辉煌的旅程。

然而，对于那些无法亲自前往英格兰看看活着的重力树的人来说，怎样才能靠近那棵激发了伟大思想的树呢？专业的园丁们考虑到了这一点！

他们种下重力树上苹果的种子。他们还小心翼翼地从重力树上锯下小枝条，栽种出新的重力树。

这些新的树苗搭乘火车和轮船，去往世界各地的新家，继续鼓舞着各地的人们。

至于最初的那棵重力树，树干已长得疙疙瘩瘩，树身有些弯曲，需要一点儿支撑。但它仍然活着！它还在结苹果，和落在牛顿眼前的那个苹果一样。

专业的园丁们悉心照料着最初的那棵重力树及其遍布世界各地的后代，以便你们在参观的时候可以找到属于自己的灵感。

树也许看上去很普通。但是，就在几百年前，一棵树即将踏上一段不平凡的旅程。而这一切仅仅始于一粒种子。

你也可能很小，但你的内心蕴藏着足够的潜力去改变世界！

重力树

如果说我看得比别人更远，
那是因为我站在巨人的肩膀上。
——艾萨克·牛顿，1675 年

你可以去参观最初的那棵重力树，它就在艾萨克·牛顿儿时的家——英国伍尔索普庄园，至今它仍立在那里。你还可以看到牛顿工作过的房间。

2002 年，牛顿的重力树和其他 49 棵树被宣布为英国遗产中仍然活着的一部分，以纪念女王伊丽莎白二世登基五十周年金禧。得益于此，这棵树受到了特殊保护和额外照顾。有人怀疑，是否真的是从这棵树上掉下来的苹果启发了牛顿。这个故事是真的。不仅牛顿曾亲自向人们讲述过，研究人员也利用现代技术确定了这棵树的生长年代，并利用历史研究确定了它就是几个世纪前的那棵树。尽管如此，落下的苹果正中牛顿脑袋的说法并不是真的。他只是看到苹果掉下来，没必要让苹果砸到头！

艾萨克·牛顿

艾萨克·牛顿于儒略历的 1642 年圣诞节（公历 1643 年 1 月 4 日）出生在英国林肯郡的伍尔索普庄园。他的童年并不轻松。父亲在他出生前就去世了，他的母亲再婚，他被留给祖父母抚养。这让他感到非常悲伤和愤怒。即便如此，牛顿还是在建筑、发明和实验方面投入了大量空闲时间。如果你路过他的家，你可能会发现他正在用他的日晷计时，为朋友的玩偶屋制作迷你家具，或是在训练一只老鼠来转动他的微型面粉磨坊！

家人本指望牛顿子承父业，做个农夫。但他并不喜欢务农。最后，母亲让步了，由着他去剑桥大学三一学院上大学。但她对支付儿子的学费不感兴趣。于是牛顿一边为其他学生工作，一边继续学习。当伦敦鼠疫大流行时，他所在的大学担心疾病会蔓延，所以学生和教职员工都被遣返回家。在接下来的一年半里，牛顿有了一些最重大的发现。他不仅弄清楚了苹果为什么会从树上掉下来，还发现了白光是由多种颜色的光组成的，从而解释了那个时代最大的谜团之一：彩虹及其形成原理。牛顿还发展了他著名的运动定律，等等。

最后他被英国女王封为爵士，成为艾萨克·牛顿爵士。牛顿关于万有引力的发现，奠定了物理学的基础。他还发展了一种被称为微积分的数学分支。他 84 岁去世，葬于威斯敏斯特教堂，还有多位名人葬在那里，那是极少数人才享有的荣誉。

阿尔伯特·爱因斯坦

阿尔伯特·爱因斯坦提出了 $E=mc^2$ 这个方程式。它是迄今为止历史上最著名、最辉煌的方程式之一，解释了能量和物质之间的关系。m 代表质量，c 则表示光速。

这个方程式改变了人类对宇宙运作方式探索的方方面面。他还确定了光速是恒定的，并且，爱因斯坦用他的广义相对论解释了时间和空间的关系，空间是运动的，而不仅仅是恒星和星系的黑色背景。这个想法是他在仔细研究了牛顿运动定律和万有引力之后提出来的。事实

上，牛顿为现代物理学奠定了基础。爱因斯坦明白这些发现的辉煌与局限。

爱因斯坦出生于 1879 年 3 月 14 日。和牛顿一样，爱因斯坦从小就爱问问题。他想解开宇宙中最伟大的谜团。小时候，爱因斯坦开始说话的时间比同龄孩子晚很多。他说，他总是先用图像思考，而不是用文字。爱因斯坦解开了许多谜团，做出了许多发现，最终获得了诺贝尔奖。他的姓氏甚至成为“辉煌”的代名词。1955 年，爱因斯坦在美国新泽西州去世。

斯蒂芬·霍金

斯蒂芬·霍金是一位重要的理论物理学家。他的工作主要是研究黑洞和宇宙的起源。不仅如此，他还是一位现象级的科学传播者。有时，如果你不是科学家，就很难理解天体物理学家的工作。霍金用通俗易懂的语言解释了宇宙，从而改变了这种状况。他的书广受欢迎，其中一本甚至成了国际畅销书。

霍金出生于 1942 年，他就读于几百年前牛顿上的同一所大学。

霍金在 21 岁时被诊断出患有使人渐渐衰弱的渐冻人症（ALS）。医生告诉他，他只能再活两年。但霍金继续他的学习和研究，决心在有生之年为科学做出有意义的贡献。历尽千辛万苦，霍金年复一年地活了下来。1979 年，他获得了剑桥大学卢卡斯数学教授席位——牛顿也曾经担任过这一享有盛誉的职位。在霍金工作的大楼外，就有一棵重力树的后代。霍金于 2018 年去世，令人惊叹地活到了 76 岁。

艾萨克·牛顿年表

1642 年（儒略历）	圣诞节，艾萨克·牛顿出生在英格兰林肯郡伍尔索普庄园。
1661 年	牛顿就读于剑桥大学三一学院。
1665 年	瘟疫袭击英格兰。公共场所和学院关闭。牛顿被迫回家，在家继续学习和研究。
1665—1666 年	牛顿在家期间，看到苹果掉下来了！
1667 年	牛顿又回到了学校。
1669 年	牛顿不仅毕业了，还在继续研究他的重大问题。他的才华并没有被忽视！他被授予剑桥大学的卢卡斯数学教授席位，这一荣誉职位在未来的某一天也将授予霍金。
1672 年	牛顿加入在伦敦的英国皇家学会，这是一个非常有声望也非常重要的科学社团。
1687 年	牛顿与世界分享他的发现，包括他从掉落的苹果中得到的理论，这个理论叫作万有引力。
1703 年	牛顿被选举为英国皇家学会会长。
1705 年	牛顿被安妮女王封为爵士。现在你们可以叫他艾萨克·牛顿爵士了。非常感谢！
1727 年	3 月 20 日，牛顿去世，葬于威斯敏斯特教堂。

参考资料

Anscombe, Charlotte. "Remembering When... Albert Einstein Visited the University—and Was Late!" *The News Room* (blog). University of Nottingham, June 5, 2015. http://blogs.nottingham.ac.uk/newsroom/2015/06/05/remembering-whenalbert-einstein-visited-the-university-and-was-late/.

Christianson, Gale E. *Isaac Newton and the Scientific Revolution*. Oxford: Oxford University Press, 1998.

Christofaro, Beatrice. "Stephen Hawking's Daughter Said He Would Have Been 'Blown Away' by the First Image of a Black Hole." *Business Insider*, April 11, 2019. www.businessinsider.com/black-hole-stephen-hawking-blown-away-says-daughter-2019-4.

Ewbank, Anne. "How Isaac Newton's Apple Tree Spread Across the World." Atlas Obscura, June 26, 2018.www.atlasobscura.com/articles/newton-apple-tree.

Keesing, Richard. "A Brief History of Isaac Newton's Apple Tree." University of York, Department of Physics. Accessed March 24, 2020. www.york.ac.uk/physics/about/newtonsappletree/.

Killelea, Amanda. "Queen's New Carriage Made from Isaac Newton's Apple Tree, Nelson's Ship and Dambusters Plane." *Mirror*, June 3, 2014. www.mirror.co.uk/news/uk-news/queens-new-carriage-made-isaac-3641958.

Krull, Kathleen, and Boris Kulikov. *Albert Einstein*. New York: Viking, 2009.

Krull, Kathleen, and Boris Kulikov. *Isaac Newton*. New York: Viking, 2006.

Lasky, Kathryn, and Kevin Hawkes. *Newton's Rainbow: The Revolutionary Discoveries of a Young Scientist*. New York: Farrar, Straus and Giroux, 2017.

Meltzer, Milton. *Albert Einstein: A Biography*. New York: Holiday House, 2008.

Moore, Keith. "Newton's Apple Tree." *The Repository* (blog). The Royal Society, February 22, 2012. https://blogs.royalsociety.org/history-of-science/2012/02/22/newtons-apple-tree/.

National Trust. "Woolsthorpe Manor." Accessed March 24, 2020. www.nationaltrust.org.uk/woolsthorpe-manor.

Redd, Nola Taylor. "Stephen Hawking Biography (1942–2018)." Space.com. March 14, 2018. www.space.com/15923-stephen-hawking.html.

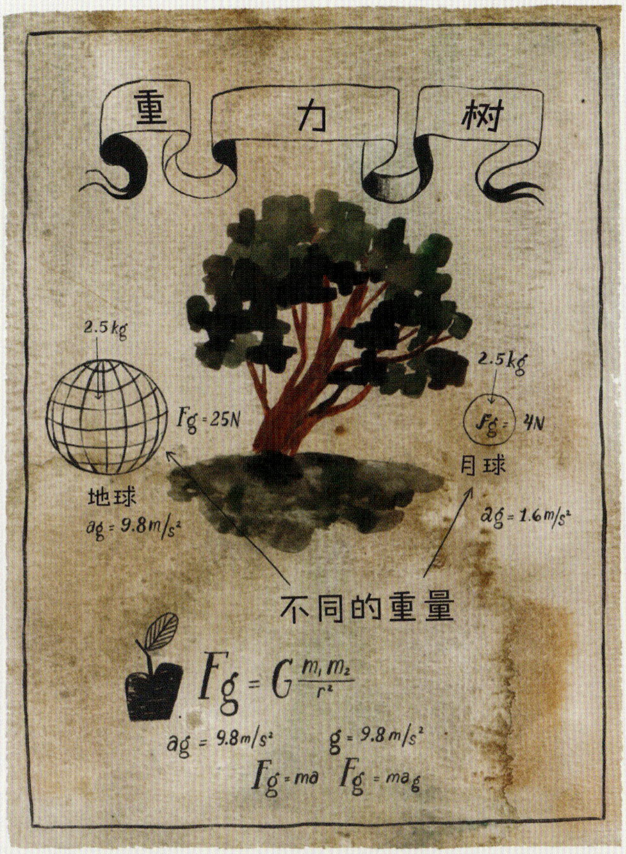

E =
mc²

g=
9.8m/s²
E=mc²
A BRIEF HISTORY OF TIME
LAWS OF MOTION
ISAAC NEWTON
NOT A PLANET

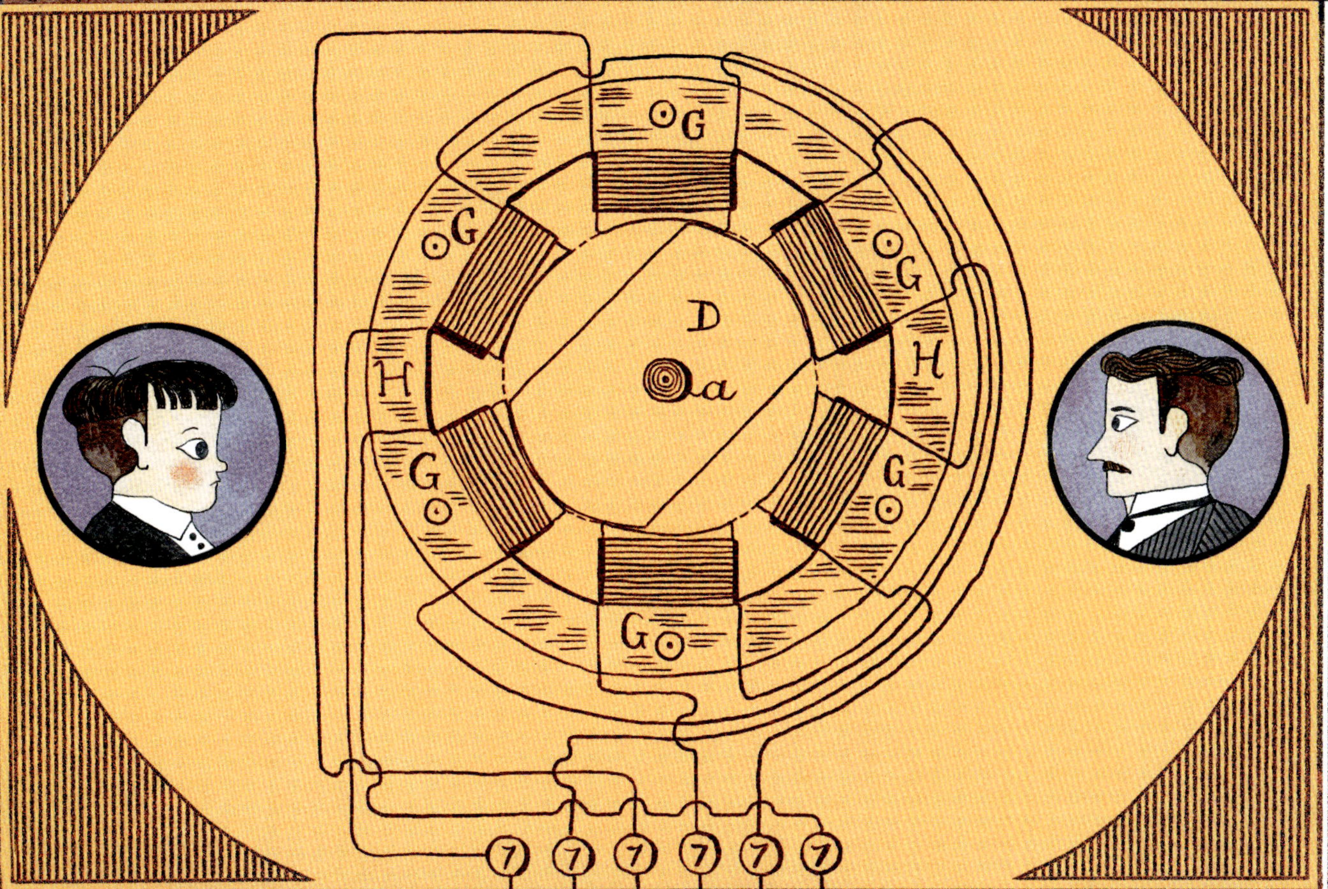

特斯拉：电力怪杰

重力树 · 科学名人传记绘本

[美]阿扎德 · 韦斯特加德 著 [美]茱莉亚 · 萨尔达 绘 陈芳芳 译

中信出版集团 | 北京

图书在版编目（CIP）数据

特斯拉：电力怪杰 / (美) 阿扎德·韦斯特加德著；(美) 茱莉亚·萨尔达绘；陈芳芳译. -- 北京：中信出版社, 2022.9

（重力树·科学名人传记绘本）

ISBN 978-7-5217-3984-8

Ⅰ. ①特… Ⅱ. ①阿… ②茱… ③陈… Ⅲ. ①特斯拉 (Tesla, Nikola 1856-1943)—生平事迹—儿童读物 Ⅳ. ①K837.126.16-49

中国版本图书馆CIP数据核字（2022）第027704号

特斯拉：电力怪杰
（重力树·科学名人传记绘本）

著　　者：[美] 阿扎德·韦斯特加德
绘　　者：[美] 茱莉亚·萨尔达
译　　者：陈芳芳
出版发行：中信出版集团股份有限公司
（北京市朝阳区惠新东街甲 4 号富盛大厦 2 座　邮编　100029）
承 印 者：北京瑞禾彩色印刷有限公司

开　　本：889mm × 1194mm　1/16　　印　　张：10.5　　字　　数：128 千字
版　　次：2022 年 9 月第 1 版　　印　　次：2022 年 9 月第 1 次印刷
京权图字：01-2021-6129
书　　号：ISBN 978-7-5217-3984-8
定　　价：76.00 元（全 4 册）

出　　品：中信儿童书店
图书策划：红披风
策划编辑：吕晓婧　郝兰　　责任编辑：陈晓丹　　营销编辑：易晓倩　黄夷白　李鑫橦
装帧设计：李晓红　谭潇　颂煜图文

献给我的父母法里德和克伊马兹。

——阿扎德·韦斯特加德

献给卡梅拉。

——茱莉亚·萨尔达

1856 年 7 月 10 日，午夜的钟声响起，屋外电闪雷鸣。一个男婴降生了。

“他是暴风雨之子。”接生的护士说。

“不，”他的妈妈说，“他是光之子。”

那个时候她并不知道，她和护士都说对了。她的儿子尼古拉·特斯拉，长大之后成了当时乃至今日世界上最重要的电气发明家之一。

特斯拉在斯米湾村的一个农舍里长大。小村庄位于山脚下，山上树木繁茂，特斯拉家旁边是一间谷仓和一座小教堂，父亲是小教堂的牧师。

特斯拉深爱小动物，喜欢给家里大大小小的鸡、鸽子和大雁喂食，一天不落。他有很多玩伴，但最喜欢的是一只小猫——了不起的玛卡。

特斯拉 3 岁的时候，有一次，他轻轻地抚摸小猫，结果惊人的一幕出现了：“玛卡的背上被我的手擦出了很多小火花，噼啪作响，家里每个角落都听得到。”特斯拉从没见过这种现象。

妈妈说："别再玩猫了，它会着火的。"

爸爸说："这是电，和你在暴风雨中看到的树上的电是一样的。"

特斯拉糊涂了，难道大自然是一只巨猫吗？如果是的话，是谁抚摸了它的背呢？

从那以后，特斯拉对电的思考就没停过。

特斯拉的妈妈会缝缝补补，会制作干家务用的新工具；和妈妈一样，特斯拉在发明方面也很有天赋。

他梦想自己可以像农场里的鸽子和大雁那样飞起来，于是从谷仓顶跳了下来，手里只举着一把旧雨伞。这一跳，骨头虽然没摔坏，但一连几个星期他都下不了床。

不到 6 岁，特斯拉就做出了：

一个捉青蛙用的金属钩，

一把能击穿窗子的气枪（他也因此受了罚），

还有一台旋转电机，用 16 只快速扇动翅膀的六月鳃金龟带动。

8 岁那年，特斯拉爱上了看书。只要是看过的书，他都记得住，很快就能把书整卷整卷地记下来。爸爸担心他把眼睛看坏，并不鼓励他看太多书，可特斯拉根本停不下来。

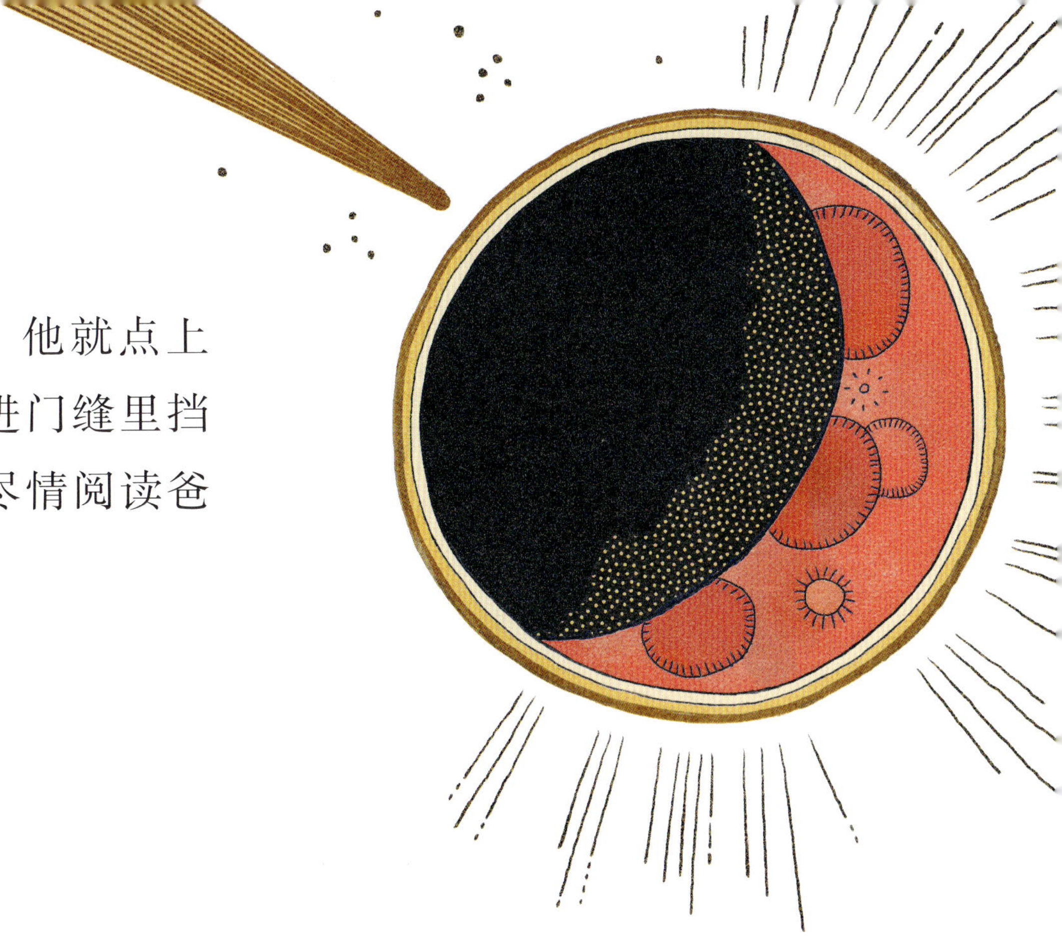

家人都睡了，他就点上蜡烛，把毛巾塞进门缝里挡住烛光，一个人尽情阅读爸爸的藏书。

特斯拉上学了，他的文学、科学、数学总是成绩优异。他梦想长大后研究电，可爸爸希望他子承父业，做一名牧师。

特斯拉 17 岁的时候感染了霍乱，这一可怕的疾病差点儿夺去他的生命。人人都以为他闯进了鬼门关。爸爸答应他，只要能康复，他想学什么就学什么。

特斯拉很快便恢复了健康，不久他考进大学，去追求自己的梦想——攻读电气工程学。

26 岁的一天，特斯拉和一个朋友在公园里散步，边走边大声背诵诗歌。就在这个时候，一道科学难题的解决方案就像闪电一般击中了他。

这道难题他已经思考了好几年，这道难题就连他的教授都认为无法解答。

特斯拉的脑海中出现了一幅清晰的画面，那是一台沿着电线传送电流的电动机——电流向前又向后，向前又向后，就像不断袭来又退去的滚滚海浪。

特斯拉发现了长距离送电的新方法。他知道，这项发明很快将为全世界提供电力。

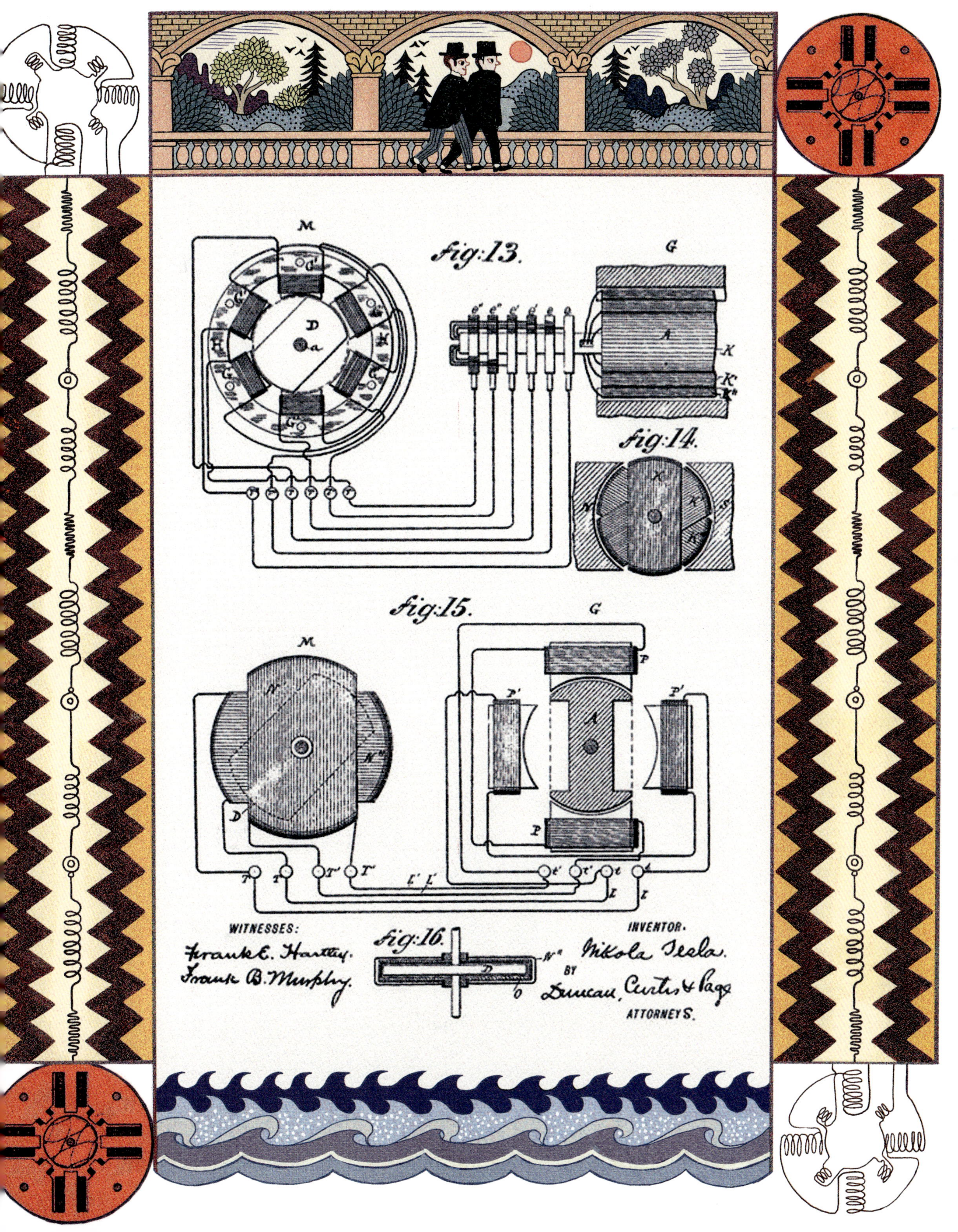

Fig:13.
Fig:14.
Fig:15.
Fig:16.
WITNESSES:
Frank E. Hartley.
Frank B. Murphy.
INVENTOR.
Nikola Tesla.
BY
Duncan, Curtis & Page
ATTORNEYS.

特斯拉觉得，只有一个人能够理解他的想法有多么重要。他不远万里，乘船穿越大西洋，从欧洲来到了美国。

到达纽约时，他的衣兜里只有四个便士、一些手抄诗歌、一种飞行器发明的说明，以及一封推荐信，收信人是托马斯·爱迪生——世界上第一只实用灯泡的发明者。

班森
膏药店

两人开始一起工作，但他们屡屡意见相左，尤其是对电的未来的看法。

后来，特斯拉别无选择，只能离开爱迪生，自己想办法研发电动机。

几年过去了，收效甚微。特斯拉和一名很有权势的商人乔治·威斯汀豪斯合作，并受邀在 1893 年芝加哥世界博览会上展示自己的发明。

他们和工人一起夜以继日地忙碌，忙着把特斯拉头脑中清晰可见的电动机制作出来。

博览会开幕当天，成千上万来自世界各地的观众蜂拥而来。

当时的美国总统按下金色电报按钮，启动了会场的电动机，超过 10 万只灯泡史无前例地同时亮起。

人群欢呼，喇叭响起，旗帜飘扬——特斯拉的“城市之光”永远地改变了世界。

通用
电气
公司
西屋电气公司
1492
1892
哥伦布
速度
盖理
电报
传真机
西屋电气公司
电气公司
芝加哥

凯莱奇
酒店
凯莉·
斯普林
菲尔德
B.F.基思
皇宫剧院
纽约
皇宫剧
皇宫剧院

很快，一度漆黑的住宅、办公楼、城市街道都变得灯火通明。

有轨电车及电气火车飞驰而过。工厂彻夜轰鸣。

各大洲报纸的头版头条都印着特斯拉的名字。

人们称他为“电力奇才”。

特斯拉的发明很成功，可帮助他的那个商人却濒临破产。

特斯拉对他曾经相信自己、认可自己的想法心存感激，放弃了和发明相关的其他权利。

他没有成为世界上最富有的人，去世时身无分文。

特斯拉具有发明创造的天赋，但他也是一个固守习惯的人。

一直到老年，他都坚持背诵诗歌、在心里演算方程。每天他都会花很长时间，沿着纽约的石子小路来回散步。

他一生热爱动物，每天早晨和下午，他都会兜里装着鸟食袋子，到布莱恩特公园和圣帕特里克大教堂喂鸽子。

天天如此，从未间断。

Spiritus Sanctus
quem mittet Pater
in nomine meo ille
vos docebit omnia

如果他生病了，或者后来年迈走不动路了，他就雇报童帮他喂。

“这些年，我一直在喂鸽子，喂了成千上万只。成千上万只吧，谁知道呢。”他说。

特斯拉总在寻找生病或受伤的鸽子，要么带回家亲自照顾，要么带去当地的兽医院。

给鸽子做诊断之前，特斯拉会查看鸽子的眼睛，然后检查翅膀、嘴和爪子。

“照顾生病的鸽子、饥饿的鸽子或无家可归的鸽子，就是我一生最大的乐趣。”他说。

特斯拉在纽约的家就是一间简陋的酒店客房。窗子始终开着，任由鸽子飞进飞出；鸽子可以筑巢的篮子一排排整齐地摆放在卧室的办公桌上，窗台上的碗里始终有清水和鸟食。

随着时间推移，人们开始对特斯拉的发明习以为常。

没人认得出行走于城市街道上的“电力奇才”。

现在，占据报纸头版头条的总是一个喜欢到公园喂鸽子的古怪老头。

人们称他为“纽约的弄鸽人”。

当记者问起他对鸟类的贡献时，他轻描淡写地说：“儿时的一切至今对我都弥足珍贵。”

这位老人在他简陋的居室与世长辞时，穷困潦倒，孤身一人。

那时，窗子依然大开，窗台上依然有鸟食。

纽约市长通过广播公布了这一噩耗，并评价说：“他是整个人类的光荣。”

特斯拉永远地离开了，可他依然被人们铭记于心。

数以千计的哀悼者从世界各地赶来参加他的葬礼，纪念他不朽的一生。

他就是尼古拉·特斯拉。

一位天才发明家，一个固守习惯的人；

一个钟爱动物的人，一位全人类的朋友。

他是暴风雨之子，他是光之子；

他是人类的一道光，他是远超时代的开拓者。

作者的话

1856年7月10日，尼古拉·特斯拉出生于一个名叫斯米湾的小山村（今克罗地亚境内），父母都是塞尔维亚人。特斯拉是一位多产的发明家，拥有雷达系统、X光设备、遥控技术、无线电通信［特斯拉，而非古列尔莫·马可尼（1874—1937），被誉为“无线电之父”，因为1943年美国联邦最高法院裁定，特斯拉先于马可尼申请了该项专利］、特斯拉线圈（人工闪电制造器，可以通过释放火花将低交流电转变成极高的电压）等多项专利；其中，最重要的是交流感应电动机，它能利用交流电有效进行远距离配电，这一配电方式至今仍是世界范围内配电的标准模式。

尼古拉·特斯拉肖像，1890年
图片来源：哈佛大学图书馆艺术分馆特色藏品

如何用交流电给电动机供电，这一问题困扰了特斯拉多年。26岁的一天，他和朋友在公园里散步，看到落日，他诗兴大发，于是背出了德国诗人歌德的名篇《浮士德》的片段：

霞光退去，辛苦的一天结束；

它在匆匆地、匆匆地探索生命新的领域；

啊！没有翅膀可以带我出泥土，

跟随它的轨迹，随之翱翔！

就像一道闪电，一台工作着的交流感应电动机的形象清晰地浮现在他的脑海中。特斯拉写下了这段经历：“我无法用言语来描述我的情感，就像皮格马利翁看到他的雕像活了过来，会感动到无以复加。就算拿我偶然发现的一千个大自然的秘密来换这一个，我也乐意。为了从大自然手里得到它，我历尽艰辛，我愿意以生命为代价。”

特斯拉搬到美国，和托马斯·爱迪生（1847—1931）——著名发明家，为世界带来了留声机（电唱机的前身），带来了第一只具有商业价值的白炽灯泡——一起工作。在爱迪生数不清的创新中，有一项是具有开创性的直流电系统，这一系统照亮了之前靠蜡烛和天然气照明的住宅和街道。爱迪生的直流电系统虽然具有革命性意义，缺点却也很明显：直流电输电方向单一，经由电线输送，电流会损耗并减弱，输电距离大大受限。因此，在纽约这样的城市，要满足城市用电需求，每平方英里[①]都要有一个发电站。

特斯拉相信，他的交流感应电动机可以弥补爱迪生直流电系统的局限。有了特斯拉的发明，交流电经由电线传输时大大降低了损耗，高压电经过一个发电站就可以很容易地转变为满足几英里内室内用电需求的安全低压电。然而，爱迪生认为特斯拉的交流电系统不切实际，且本身存在危险性，因此不予使用，很快，他们的工作关系也宣告结束。

当富裕的商人兼发明家乔治·威斯汀豪斯（1846—1914）开始发展交流电系统，直接同爱迪生的直流电系统展开竞争时，一场旷日持久的行业之争也拉开了帷幕，媒体称之为“电流之战”。爱迪生知道，只有一种供电系统能够在照明领域大行其道，他因此发起了咄咄逼人的宣传活动，公然用高压交流电电死狗、猫，甚至大象，想让公众认

① 1 平方英里约等于 2.56 平方千米。

识到交流电本身存在巨大的危险。

特斯拉刚为交流感应电动机及相关技术注册专利，威斯汀豪斯就斥巨资买下了他的发明。两人达成协议，其中一项内容是特斯拉的电动机每产生1马力的电，就能使特斯拉获得2.5美元的专利使用费。然而，后来威斯汀豪斯的公司出现资金困难，特斯拉慷慨地撕毁了他们的协议，同意放弃未来所有的使用费。如果特斯拉继续坚持按协议行事，哪怕将价格降低，他也会变得富可敌国，也会获得足够的资金继续科研事业，远不至于债务累累。

有了特斯拉的专利在手，威斯汀豪斯和爱迪生的“电流之争”很快就有了结果。1893年，威斯汀豪斯的公司签下合同，为庆祝哥伦布发现美洲新大陆400周年的哥伦比亚博览会（又叫芝加哥世界博览会）供电。5月1日，博览会开幕式如期举行，当美国第二十四任总统格罗弗·克利夫兰按下控制整个博览会庞大机械装置的电报按钮时，现场超过10万只灯泡同时亮起，大约30万名观众目睹了这一历史性的时刻。交响乐团演奏起《我的国家属于你》，观众肃然起敬，人群沸腾了，不停挥舞手帕，放声歌唱。

1893年世界博览会
图片出处：海因茨历史中心，德瑞克图书档案馆，威斯汀豪斯馆藏品

灯火通明的博览会会场蔚为壮观，激发了作家莱曼·弗兰克·鲍姆的创作灵感，写下

了著名的《绿野仙踪 · 翡翠城》的篇章。当时，来自世界各地的参观者超过 280 万人，他们第一次见识了洗碗机、摩天轮、拉链等新发明创造。威斯汀豪斯和特斯拉的努力获得了回报——展会上西屋电气公司的交流电系统获得了巨大的成功，为整个世界开启了一种全新的生活方式。

尽管特斯拉一夜之间名利双收，可他晚年人们鲜少提起他对现代生活所做贡献的巨大意义。新闻标题总盯着他的古怪习惯、财务问题，甚至会讽刺地报道他对鸽子的偏好。就像对儿时的那只猫“了不起的玛卡”一样，晚年他也表现出了对某一动物——一只翅尖灰色的白鸽——的极度热爱。“不管我在哪儿，那只白鸽总能找到我。我想它的时候，只要心里想着它，嘴里唤着它，它就会飞到我这里。”

白鸽

图片出处：尼古拉 · 特斯拉博物馆，科学图片馆

特斯拉的朋友都说他深爱自然，心思敏感，极具亲和力，尊重一切生命。用特斯拉自己的话来说，他一生都有一种“本能的冲动”，想“让自然之力为人类服务”。在《年迈说起年轻时》中，他给朋友的小女儿宝丽 · 弗蒂奇写了封令人感动的信：“我经常想起年少时发生的事，这样巨大且危险的精神紧张就能得到舒缓。”鸽子不仅是特斯拉最快乐童年时光活生生的象征，也被看作大自然最原始的无线信使。特斯拉钟爱鸽子，也借此在自己的过去和现在之间架起了一座桥梁。

尼古拉 · 特斯拉和特斯拉线圈，图片出处：纽约公立图书馆，科学馆藏品

1943 年 1 月 7 日，特斯拉在纽约客宾馆 33 层 3327 房间孤独离世，去世时身无分文。然而，两千多位科学界、商界及艺术界的名人从世界各地赶来，参加了特斯拉在纽约圣约翰大教堂的葬礼。纽约市长菲奥雷洛 · 亨利 · 拉瓜迪亚通过广播宣布特斯拉死讯的时候，诵读了特斯拉的朋友、作家路易斯 · 阿达米克感人至深的悼词："如果我们把特斯拉的功绩从工业世界中抹除，工业巨轮将停止运转，我们的电力火车、汽车将无法行驶，我们的城市将陷入黑暗，城镇和工厂的夜晚将一片死寂。他的工作影响深远，没有他的工作，黑暗将永无尽头。"

参考资料

Books and Letters

Carlson, W. Bernard. *Tesla : Inventor of the Electrical Age*. Princeton, NJ: Princeton University Press, 2013.

Cheney, Margaret. *Tesla, Man Out of Time*. Englewood Cliffs, NJ: Prentice Hall, 1981.

Jonnes, Jill. *Empires of Light : Edison, Tesla, Westinghouse, and the Race to Electrify the World.* New York: Random House, 2003.

O'Neill, John J. *Prodigal Genius: The Life of Nikola Tesla.* Kempton, IL: Adventures Unlimited Press, 2008.

Seifer, Marc J. *Wizard: The Life and Times of Nikola Tesla: Biography of a Genius.* New York: Citadel Press, 1998.

Tesla, Nikola. *My Inventions: An Autobiography.* Edited by David Major. Australia: Philovox, 2013.

Tesla, Nikola. "A Story of Youth Told by Age." PBS. pbs.org/tesla/ll/story_youth.html.

Film, Radio, and Websites

EXPO : Magic of the White City. Directed by Mark Bussler. Inecom Entertainment Company, 2005.

"La Guardia Tribute to Nikola Tesla." The NYPR Archive Collections, WNYC Archives ID: 2977. wnyc.org/story/la-guardia-tribute-to-nicola-tesla.

Tesla: Master of Lightning. Directed by Robert Uth. New Voyage Communications, 2000.

Tesla. Written and produced by David Grubin. American Experience, 2016.

"Opening Day." The World's Fair Chicago 1893. worldsfairchicago1893.com/home/fair/history/opening-day. Accessed on April 18, 2020.

The Pigeoneers. Directed by Alessandro Croseri. Alessandro Croseri Productions, 2008.

Newspaper Articles

"At Night and in Secret Nikola Tesla Lavishes Money and Love on Pigeons." *New York World,* November 21, 1926.

"Dr. Tesla Gives Home to an Errant Pigeon That Flew Into 40th-Story Room in Hotel." *The New York*

Times, February 6, 1935.

"Nikola Tesla Dies; Prolific Inventor." *The New York Times,* January 8, 1943.

"Nursing Sick Birds Is Inventor's Hobby." *The New York Times,* April 15, 1927.

"Opened by the President." *The New York Times,* May 2, 1893.

"Park Pigeons Fed, Inventor Pays Bill." *Democrat and Chronicle,* May 1, 1937.

"Tesla Is Provider of Pigeon Relief." *The New York Times,* May 1, 1937.

Quotes

"He'll be a child of the storm…" Carlson, W. Bernard. *Tesla : Inventor of the Electrical Age.* Princeton, NJ: Princeton University Press, 2013, p. 18.

"Mačak's back was a sheet of light…" Tesla, Nikola. "A Story of Youth Told by Age." PBS. pbs.org/tesla/ll/story_youth.html.

"I've been feeding pigeons…" O'Neill, John J. *Prodigal Genius: The Life of Nikola Tesla.* Kempton, IL: Adventures Unlimited Press, 2008, p. 316.

" Caring for homeless…" "At Night and in Secret Nikola Tesla Lavishes Money and Love on Pigeons," *New York World*, November 21, 1926, p. 1.

"All things from childhood…" Cheney, Margaret. *Tesla, Man Out of Time.* Englewood Cliffs, NJ: Prentice Hall, 1981, p. 271.

"He was a feather in the cap…" " La Guardia Tribute to Nikola Tesla." The NYPR Archive Collections, WNYC Archives ID: 2977. wnyc.org/story/la-guardia-tribute-to-nicola-tesla.

"He was twenty-six years old…" Tesla, Nikola. *My Inventions: An Autobiography.* Edited by David Major. Australia: Philovox, 2013, p. 35.

"I cannot begin to describe…" Tesla. *My Inventions*, p. 35.

"No matter where I was…" O'Neill. *Prodigal Genius*, p. 316.

"Instinctive impulse…" Tesla. *My Inventions*, p. 22.

"I often visualize the events of my youth…" Tesla. "A Story of Youth Told by Age."

"Were we to eliminate…" "La Guardia Tribute to Nikola Tesla."

重力树·科学名人传记绘本

对，就是他！萨缪尔·莫尔斯

莫尔斯电码与电报的故事

[美] 特雷西·纳尔逊·毛雷尔 著
[阿根廷] 艾尔·普里莫·拉姆 绘 陈芳芳 译

中信出版集团 | 北京

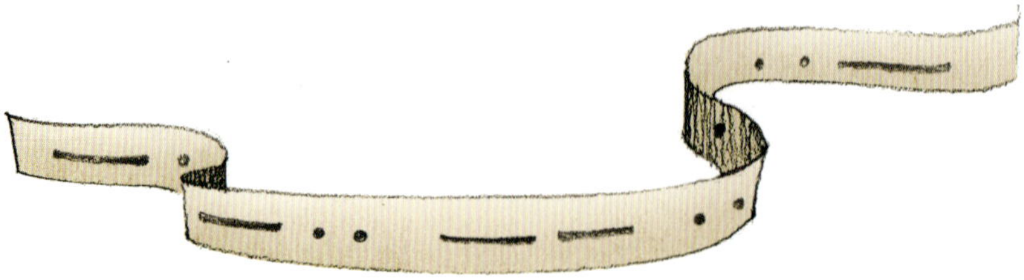

图书在版编目（CIP）数据

对，就是他！萨缪尔·莫尔斯 / (美) 特雷西·纳尔逊·毛雷尔著；(阿根廷) 艾尔·普里莫·拉姆绘；陈芳芳译. -- 北京：中信出版社，2022.9
（重力树·科学名人传记绘本）
ISBN 978-7-5217-3984-8

Ⅰ. ①对… Ⅱ. ①特… ②艾… ③陈… Ⅲ. ①塞缪尔·莫尔斯—生平事迹—儿童读物 Ⅳ. ①K837.126.16-49

中国版本图书馆CIP数据核字（2022）第027701号

对，就是他！萨缪尔·莫尔斯
（重力树·科学名人传记绘本）

著　　者：[美] 特雷西·纳尔逊·毛雷尔
绘　　者：[阿根廷] 艾尔·普里莫·拉姆
译　　者：陈芳芳
出版发行：中信出版集团股份有限公司
（北京市朝阳区惠新东街甲 4 号富盛大厦 2 座　邮编　100029）
承 印 者：北京瑞禾彩色印刷有限公司

开　　本：889mm × 1194mm　1/16　　印　　张：10.5　　字　　数：128 千字
版　　次：2022 年 9 月第 1 版　　印　　次：2022 年 9 月第 1 次印刷
京权图字：01-2021-6305
审 图 号：GS（2021）8493
书　　号：ISBN 978-7-5217-3984-8
定　　价：76.00 元（全 4 册）

出　　品：中信儿童书店
图书策划：红披风
策划编辑：吕晓婧　郝兰　　责任编辑：陈晓丹　　营销编辑：易晓倩　黄夷白　李鑫橦
装帧设计：李晓红　谭潇　颂煜图文

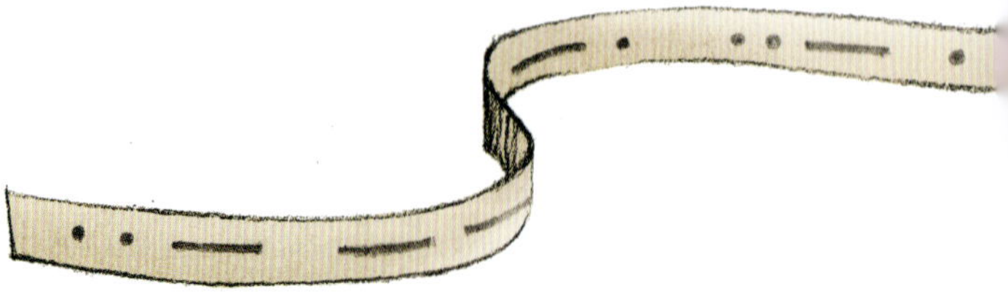

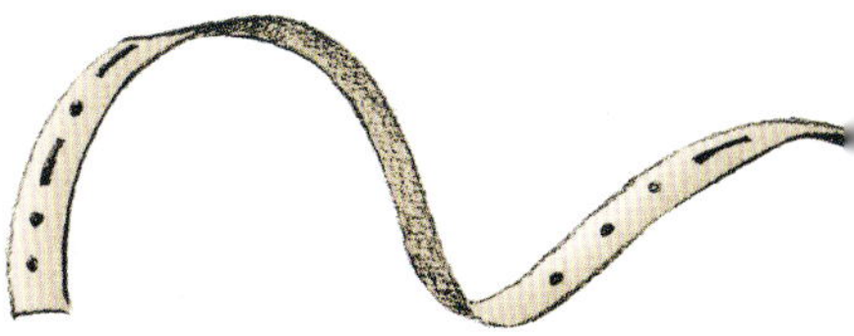

写给梅格（-- . --.）和汤米（- --- -- -- -.--），爱你们。

——特雷西 · 纳尔逊 · 毛雷尔

写给特尔莫，一个用我们无法想象的方式看世界的人。

——艾尔 · 普里莫 · 拉姆

萨缪尔·莫尔斯还是个小男孩的时候，公众听到的新闻往往是“旧”闻。城市之间，一封信需要几个星期才能送达，而跨国信件则需要远渡重洋几个月。那是19世纪早期，一切远距离的行程都快不了。所以，谁会梦想有即时通信呢？

对，就是他！萨缪尔·莫尔斯。

可一开始，萨缪尔做的只是些其他发明，且收获甚微。

他和兄弟一起设计的抽水泵怎么样？几乎卖不出去。

大理石切割机呢？已经有人申请专利了。

他还将绘画颜料胡乱混合在一起——加入牛奶呈现珠光效果，加入釉料制造光滑的抛光效果；出于某种原因，甚至还用到了啤酒。

说实话，萨缪尔自认为是一名艺术家，而且是非凡的艺术家。可他多数时候画的都是肖像；他辗转于城市之间，以此谋生。梦想？当然是画宏大的场景画——赫拉克勒斯之死、圣经故事或历史性战役等。他相信，自己的绘画才华会提升人们粗俗的艺术品位。

成功好像总在跟萨缪尔玩藏猫猫。他精美的绘画作品很少引来关注，赚到的钱更是寥寥可数。可即便如此，萨缪尔还是希望美国人能学会热爱精美艺术，尤其是他的艺术作品。

1829 年，他乘船前往欧洲，研究旧世界大师的创作。他打算绘制一幅关于大师艺术的巨大画卷，带回美国展出。

列奥纳多·达·芬奇！鲁本斯！伦勃朗！

萨缪尔在意大利和法国见识了他们最伟大的创作。

在法国，他还参观了正在使用的著名的光电报系统。这一系统建造于 1794 年，战争期间为军队传送情报，也为村民提供最新消息。高塔通过转动机械臂的角度，可发出近一万种信息代码——雾天和黑夜除外。

谁能设想出一种更好的系统呢？

对，就是他！萨缪尔·莫尔斯。

可是，他要先完成自己的画作。他日复一日在法国画画，坚持了一年多。

1832 年，他乘坐“萨利”号将自己的作品一同运回家。

甲板上，人们谈天说地，从不那么新的新闻聊到电的种种可能。电，会不会只是一种玩具？这种“流动的闪电”真的有用吗？人们表示怀疑。

众人的闲聊却激发了萨缪尔的灵感。

萨缪尔绘制出一个系统，可以利用电子脉冲在两台机器之间的电线上即时发送编码信息。无论什么天气，无论白天还是黑夜，这种系统都不会受到影响！

他还利用点和横线设计出代表数字的代码。每个数字表示一个单词。他计算出自己大概需要 3 万个数字，以及一个非常庞大的代码本。

回到纽约，萨缪尔骄傲地将他的画作公布于众。和以前一样，这并没引起多少关注。

然而，人们对他关于电磁电报机的创意兴趣甚浓。有趣！好玩！可是，这么精巧的电动设备怎么发挥作用呢？

谁来演示给他们看呢？

对，就是他！萨缪尔·莫尔斯。

萨缪尔开始专注于电报研究。他用 26 个字母试验，用得最多的字母就用最简单的代码表示，这样才能更快地发送信息。比如，字母 E 仅用一个点（.）表示。

萨缪尔还借助时钟部件移动记录信息的纸带。在他的工作室周围，挂满了测试用的电线。然而，他实际上只是一名艺术家。他需要帮助。

他把自己的想法告诉了两位朋友——科学家伦纳德·盖尔和机械师阿尔弗莱德·维尔。三人一拍即合。萨缪尔抛开绘画，专心研究发明。

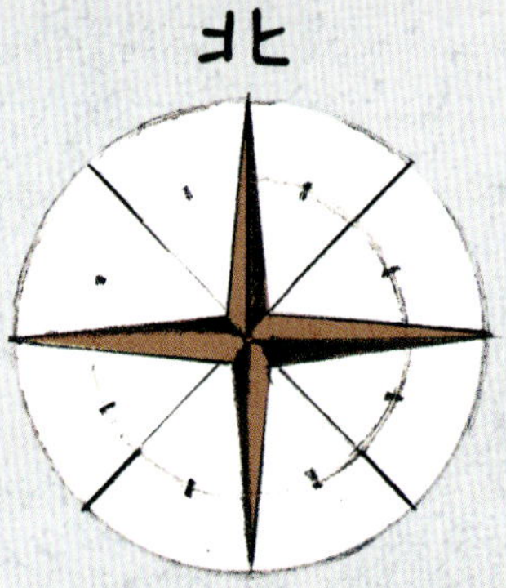

1837 年，他们准备将研究成果公布于众。他们在一根 2 英里长的铜线上缠上线，裹上柏油和橡胶，铺设在纽约，一端连着曼哈顿岛南端，一端连着总督岛。

人群蜂拥前来围观。萨缪尔在一端的机器上敲入代码。

嘀，嗒，嘀，嘀，嘀！

一转眼的工夫，另一端的机器就开始在纸带上涂涂画画了。

嘀，嗒，嘀，嘀，嘀！

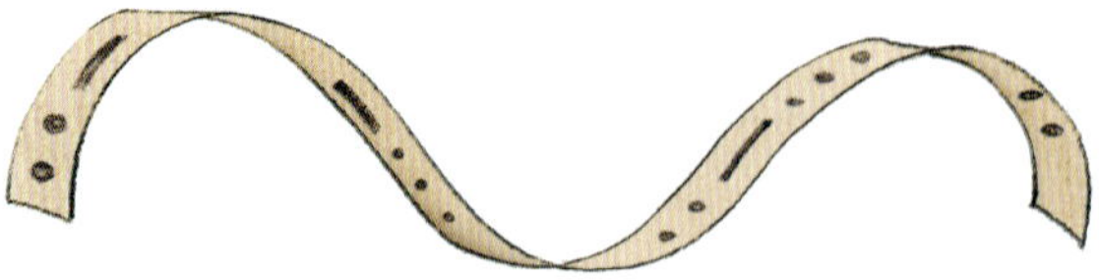

太神奇了！人们鼓掌欢呼。突然，线路中断了。围观的人群又竞相嘲笑萨缪尔的想法太过疯狂。

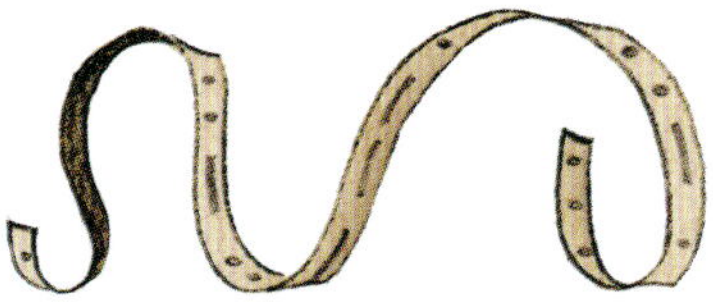

后来萨缪尔才知道，是一艘轮船切断了电线。船员不知道那是条什么线，于是将它剪断扔回了水里。

啊！他离成功只有一步之遥了！

萨缪尔请求美国国会资助在巴尔的摩和华盛顿之间铺设电报线路。经过漫长而激烈的辩论，国会同意了。萨缪尔设定工程于 1843 年 12 月完工。

然而，原定计划一再推迟。一直到 1843 年 10 月份，萨缪尔团队才开始沿着电报线路挖沟。他们把电线埋在铅管里。就在离最后展示期限只剩几个月时，一声巨响，挖沟犁撞到一块大石头，坏掉了。

趁修理工具的空当，萨缪尔用完成的部分做了个测试……

不行！

他们发现，做工粗糙的铅管导致电线在潮湿的泥土里失灵。萨缪尔需要调整计划，而且要快。

电线埋在地下会失灵，架在地面上没准儿是最好的选择。

第二年3月，萨缪尔团队重新开工。他们把电线架在高高的栗木杆之间，一天大约铺一英里，风雨无阻。

离原定的展示时间1844年5月24日只剩一个多星期时，电报线路终于铺到了巴尔的摩。

激动人心的日子到了。萨缪尔坐在美国联邦最高法院会议厅的机器旁，他的助手阿尔弗莱德·维尔在巴尔的摩火车站安装好了另一台机器。

萨缪尔用代码给阿尔弗莱德发了一条信息。

他等待着。

过了一会儿，机器咔嗒咔嗒响了起来。

嘀——嗒——嗒！嘀——嘀——嘀——嘀！

阿尔弗莱德用同样的信息做了回复：

WHAT HATH GOD WROUGHT（上帝创造了何等奇迹）

.-- .... .- - / .... .- - .... / --. --- -.. / .-- .-. --- ..- --. .... -

成功了！

最终，电报线路连接起美国东海岸和西海岸。海底电缆又将美国和欧洲及世界其他地方连在了一起。

无论是火车到站，还是新闻播报，每一件事都可以在短短几秒钟内嘀嗒嘀嗒地以莫尔斯电码在城市间传播。政府、企业、朋友和家庭——电报将这一切连在了一起。

所以，是谁利用了电？

是谁创造了即时通信并永远地改变了世界？

对，就是他！萨缪尔·莫尔斯。

电报局

萨缪尔·莫尔斯

1791 年 4 月 27 日—1872 年 4 月 2 日

大事记

1791 年　萨缪尔·莫尔斯出生在美国马萨诸塞州查尔斯镇

1805 年　进入耶鲁学院学习，于 1810 年毕业

1811 年　就读于伦敦皇家艺术学院，师从美国艺术家本杰明·韦斯特

1815 年　美英 1812 年战争结束后，于 10 月回到美国

1818 年　与卢克利希亚·皮克林·沃克结婚，婚后育有三个孩子

1825 年　收到 1000 美元费用，绘制美国独立战争英雄拉斐德侯爵肖像

1825 年　卢克利希亚于美国康涅狄格州去世，下葬后远在华盛顿的莫尔斯才得到消息

1826 年　在纽约成立国立艺术设计院，开设艺术课程

1827 年　协助创办《纽约商务日报》

1829 年　乘船前往欧洲，后来在罗马和詹姆斯·费尼莫尔·库柏成为朋友

1832 年　乘坐“萨利”号邮船回美国，途中在速写本上记录了对于电报系统的构想

照片提供者：马修·布雷迪

1833 年	在纽约展出画作《卢浮宫画廊》
1834 年	令人失望的是，《卢浮宫画廊》仅卖了 1200 美元
1838 年	向马丁 · 范布伦总统演示电报系统
1839 年	在法国结识路易 · 达盖尔，激起了萨缪尔对摄影的兴趣
1840 年	莫尔斯电报获得美国专利
1843 年	国会拨出 3 万美元用于架设、测试电报线路
1844 年	发送第一条远距离电报信息，商用电报线路正式开通
1848 年	和萨拉 · 伊丽莎白 · 格里斯沃尔德结婚
1858 年	成功铺设第一条跨大西洋海底电缆
1861 年	南北战争爆发，战争双方都借助电报通信
1861 年	第一条横跨大陆的电报线路取代驿马快信，将消息发送至美国西部
1872 年	于纽约去世。四年后，亚历山大 · 格雷厄姆 · 贝尔申请了电话专利
1982 年	《卢浮宫画廊》卖出 325 万美元的高价，创下当时美国画家画作最高售价纪录

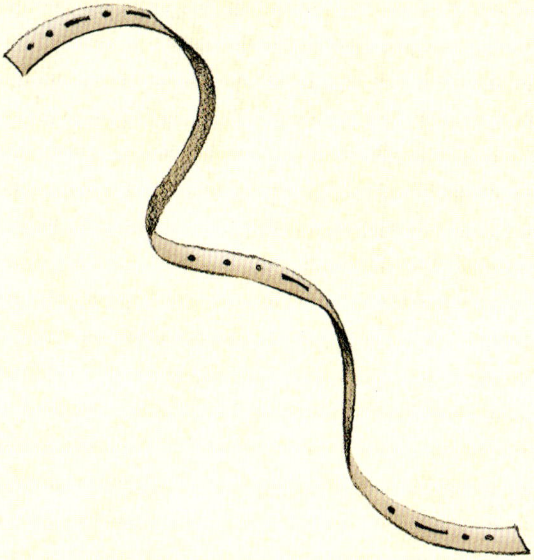

女性电报员，1908 年

电报作为当时的高科技通信方式，为女性（当然只有白人女性）提供了为数不多可出门从事的有偿工作之一。女性可以当电报员收发电报，报酬通常比男性低。在美国和欧洲，一些早期女子贸易学校教授电报拍发技能。

照片提供者：约翰 · 罗伯特 · 施密特

关于萨缪尔·莫尔斯和电报史的更多信息

- 萨缪尔·莫尔斯帮助将路易·达盖尔的摄像技术引入美国。有一段时间，莫尔斯会给人拍照片，而不是画肖像。他还帮助培养了美国第一批摄影师，其中就有马修·布雷迪，马修拍摄的关于南北战争的照片很有名。
- 19 世纪 50 年代，电报员是听代码，而非读纸带。点就是“嘀”，横线就是“嗒”，听上去就像音乐!
- 美国南北战争期间，电报员有被敌方俘获的危险。敌军士兵会迫使电报员拦截对方情报或向对方传送假情报。
- 最后一份西联电报发送于 2006 年。西联电报公司曾是美国最知名的电报公司，如今已转型为金融服务公司。
- 仍有一些男童子军、业余无线电操作员、飞行员、海员和士兵在学莫尔斯电码。
- 1 月 11 日是“莫尔斯电码日”，这一天你可以用莫尔斯电码学写自己的名字。

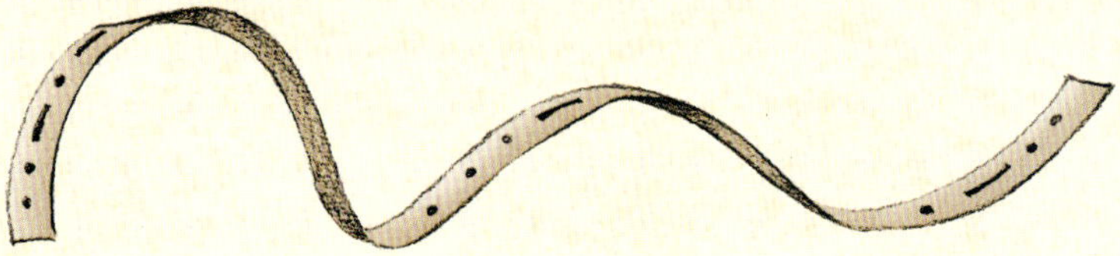

SOS 是国际公认的求救信号。

在莫尔斯电码中，SOS 表示为：

... --- ...

萨缪尔·莫尔斯最初的美式莫尔斯电码于 1851 年更新为国际莫尔斯电码，也就是今天世界范围内广泛使用的莫尔斯电码。

本书图片和内文使用的也是国际莫尔斯电码。

参考资料

Many articles, books, and websites offer information about Samuel Morse. Most focus on his telegraph, but others illuminate his artistic life as well. Here are a few that were particularly helpful to me.

Print

Alter, Judy. *Samuel F. B. Morse: Inventor and Code Creator.* Chanhassen, MN: Child's World, 2003.

Brownlee, Peter John, ed. *Samuel F. B. Morse's "Gallery of the Louvre" and the Art of Invention.* New Haven, CT: Yale University Press, 2014.

Kurin, Richard. *The Smithsonian's History of America in 101 Objects.* New York: Penguin, 2013.

Mabee, Carleton. *The American Leonardo: A Life of Samuel F. B. Morse.* Fleischmanns, NY: Purple Mountain Press, 2000.

McCormick, Anita. *The Invention of the Telegraph and Telephone in American History.* Berkeley Heights,NJ: Enslow, 2004.

Morse, Samuel F. B. *Samuel F. B. Morse: His Letters and Journals in Two Volumes,* Vol. 1, edited by Edward Lind Morse. Boston: Houghton Mifflin, 1914. Softcover reprint, Lexington, KY: Filiquarian, 2013.

Silverman, Kenneth. *Lightning Man: The Accursed Life of Samuel F. B. Morse.* Cambridge, MA: Da Capo Press, 2004.

Online

A&E Television Networks. "Samuel F. B. Morse." Biography.com. Updated Jan. 6, 2016. biography.com/ people/samuel-morse.

Jepsen, Thomas. "Research Resources for the History of Telegraphy and the Work of Women in the Telegraph Industry." The Telegrapher Web Page. Society for the History of Technology. Updated Nov. 4, 2017. mindspring.com/~tjepsen/Teleg.html.

Library of Congress. "Artist, Politician, Photographer." Samuel F. B. Morse Papers, 1793 to 1919. loc.gov/collection/samuel-morse-papers/articles-and-essays/artist-politician-photographer/#artist-politician-photographer.

作者的话

在一次早期的调研项目中，我发现诺亚·韦伯斯特的一张著名肖像画上有莫尔斯的签名。难道这个莫尔斯就是萨缪尔·莫尔斯，那个发明了电报和莫尔斯电码的人？一个世界闻名的发明家难道也是画家？我必须弄清楚！时间越长，我就越欣赏画家萨缪尔·莫尔斯的创造能力和聪明才智。他用新的二进制语言（今天我们的电脑用的也是二进制语言）翻译字词。他设想用前人从未用过的方式使用电，然后将设想变成现实！他带领团队一遍又一遍测试、修正，最后终于证明了电报系统的可行性。我欣赏他的不屈不挠、他的热情，更欣赏他作为发明家和艺术家的创造力。我希望读者也能受到启发。

值得注意的是，莫尔斯不是一个人在奋斗。我也深深感谢那些杰出又亲切的人，比如克里斯蒂安·特里默、杰西卡·安德森、詹妮弗·希利，霍尔特出版公司的团队，才华横溢的博尔哈·拉姆·洛佩斯·科特洛（又名拉姆），萨缪尔·莫尔斯刺槐林庄园的肯尼斯·斯诺德格拉斯，夏洛特·托德和英国澎赞斯电报博物馆的每一个人，图书驿站文学社的肯德拉·马库斯，文件编辑谢丽·施密特，萨利·多尔蒂、托马斯·杰普森、安·马斯克、乔伊斯·西德曼、米歇尔·拉克纳、图尼·门森·班森、劳拉·柏迪·萨拉斯、玛丽·贝维斯、朱莉·隆格伦、莎伦·彼得森、梅丽莎·马特·瓦格纳等作家和读者，还有一直支持我的迈克、梅格和汤米等家人。书中如有讹误和遗漏，均是我个人的不足。

特雷西·纳尔逊·毛雷尔

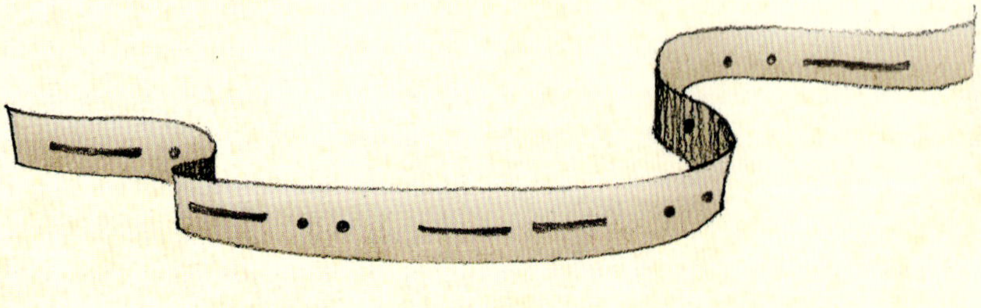

重力树·科学名人传记绘本

艾达·洛芙莱斯：诗人科学家

[美]戴安·斯坦利 著 [美]杰西·哈特兰 绘 陈芳芳 译

中信出版集团 | 北京

图书在版编目（CIP）数据

艾达·洛芙莱斯：诗人科学家 / (美) 戴安·斯坦利著；(美) 杰西·哈特兰绘；陈芳芳译. -- 北京：中信出版社, 2022.9
（重力树·科学名人传记绘本）
ISBN 978-7-5217-3984-8

Ⅰ. ①艾… Ⅱ. ①戴… ②杰… ③陈… Ⅲ. ①阿达·洛芙莱斯—生平事迹—儿童读物 Ⅳ. ①K835.616.16-49

中国版本图书馆CIP数据核字（2022）第027702号

艾达·洛芙莱斯：诗人科学家
（重力树·科学名人传记绘本）

著　　者：[美] 戴安·斯坦利
绘　　者：[美] 杰西·哈特兰
译　　者：陈芳芳
出版发行：中信出版集团股份有限公司
（北京市朝阳区惠新东街甲 4 号富盛大厦 2 座　邮编　100029）
承 印 者：北京瑞禾彩色印刷有限公司

开　　本：889mm × 1194mm　1/16　　印　　张：10.5　　字　　数：128 千字
版　　次：2022 年 9 月第 1 版　　印　　次：2022 年 9 月第 1 次印刷
京权图字：01-2021-6306
书　　号：ISBN 978-7-5217-3984-8
定　　价：76.00 元（全 4 册）

出　　品：中信儿童书店
图书策划：红披风
策划编辑：吕晓婧　郝兰　　责任编辑：陈晓丹　　营销编辑：易晓倩　黄夷白　李鑫橦
装帧设计：李晓红　谭潇　颂煜图文

服务热线：400-600-8099
投稿邮箱：author@citicpub.com

献给克莱门汀。

——戴安·斯坦利

献给彼得·斯蒂尔，我另一位红头发的侄子，他也是一位梦想家，就像艾达·洛芙莱斯一样。

——杰西·哈特兰

很久很久以前，隆冬的一天，在一座古老幽深的乡村大房子里，一个孤独的小女孩走来走去，从一个屋走到另一个屋。她就是艾达·拜伦。她想找点儿事情做。

拜伦勋爵

她喜欢异想天开。她想，要是能飞起来，那该多好玩啊！于是，她用科学的方法思考“飞起来”这件事，琢磨起飞翔和鸟儿的骨骼结构。

要想飞，就得有鸟儿那样的翅膀。不，不，要更大，因为她的个头可比鸟儿大多啦！翅膀的“骨架”用粗粗的电线捆扎，那才够结实；再覆上一层油绸，因为油绸足够轻。最后，她还设计了一副背带，方便把翅膀系在背上。

她想，要是能从一座房子飞到另一座房子，当飞行邮差，肯定很有趣。

看来还得准备一个邮包，把信啊，地图啊什么的放进去，还得有一只指南针来导航。

她想写本书，把自己的飞行计划统统写进去，还得配上好看的插画和图表。名字嘛，就叫《飞行学》好啦！

书写完了，小艾达又有新想法啦——她要做一匹靠蒸汽飞行的飞马。

当时，她的妈妈拜伦夫人不在家，小艾达就定期给妈妈写信，信里不断更新自己的飞行计划。落款时，她称自己是“深爱妈妈的小笨蛋”，或是“深爱妈妈的小信鸽”。

她太开心啦，开心得不能再开心啦！

可是，拜伦夫人却很担心。

因为小艾达兴奋过了头。更糟糕的是，她的想法越来越天马行空，妈妈觉得很危险。

换句话说，她现在的举止很像爸爸。

艾达的爸爸和妈妈虽是一家人，却有着天壤之别。她的爸爸是著名的诗人拜伦，闻名海内外，是他那个时代的耀眼巨星。

拜伦夫人

而艾达的妈妈只对数学和科学感兴趣。她理性、严谨，受人尊敬。他们的婚姻仅仅持续了一年。

艾达没见过父亲。她刚出生，拜伦就离开了英国；艾达八岁时，父亲就死在了遥远的希腊。很少有人跟她说起父亲，她甚至不知道父亲长什么样。父亲的肖像上始终蒙着一块布。身为拜伦的女儿，小艾达的童年其实受到了很多重要的影响。

母亲希望她冷静、理智，不要像她的父亲那样，过于情绪化，过于天马行空。她希望数学和科学可以压制女儿不羁的想象力。所以，艾达接受了世界一流的科学教育。

可她的想象力丝毫没有受到影响。

艾达深爱机械。那个时候，工业革命正热火朝天，以前很多手工制作的东西，比如丝带、勺子、纸张、玻璃，都实现了工厂批量化生产。

拜伦夫人提议去参观新型工厂时，小艾达激动坏了。

她们看什么都觉得很有趣，不过，最打动她们的还是法国人约瑟夫·玛丽·杰卡德发明的织布机。这台机器可以自动织布，织出的布花样繁多，简单的格子呢、华丽的织锦都不在话下，人物、树木、动物也都能织出来。

织布机怎么知道织哪种图案呢？这才是真正让人着迷的地方。原来，图案转换成了一排排小孔，打在纸卡片上。长长一卷穿孔卡片放进织布机，就等于给织布机下达了指令。要改变图案，只要换一下穿孔卡片就可以。艾达震惊了！这个想法可真棒，不仅可以用来织布，还可以干别的……

将穿孔卡片用在其他机器上，完成其他任务，不也可以吗？

艾达猜对了。没多久她就发现，自己的想法真的太正确了。

十七岁那年，艾达
平静的童年结束了。

妈妈带她去了伦敦，参加夏季社交活动，茶会、晚宴、舞会轮番上阵。

富丽堂皇的跳舞场，珠光宝气的漂亮女士，都让她觉得眼花缭乱。

当时，所有的人都想结识艾达，因为她是拜伦勋爵的女儿。

可是，艾达根本不知道该和他们聊些什么。

她不懂时尚，不爱狩猎，对宫廷花边新闻更没兴趣。

后来，有一次每周派对，她去了了不起的数学家和发明家查尔斯·巴贝奇的家里。

派对上聚了一群有趣的人，他们当中有作家查尔斯·狄更斯，还有科学家查尔斯·达尔文。艾达在人群中穿梭，听着一场又一场震撼心灵的对话，她激动得不能自已，简直要晕过去了。

他们谈论天文、政治、文学、艺术、最新的工程壮举……

每项内容都至关重要。人以群分，这才是她的归属。

几天后，艾达前去参观了巴贝奇的新发明，她见识了一台可以运行的计算机——差分机。

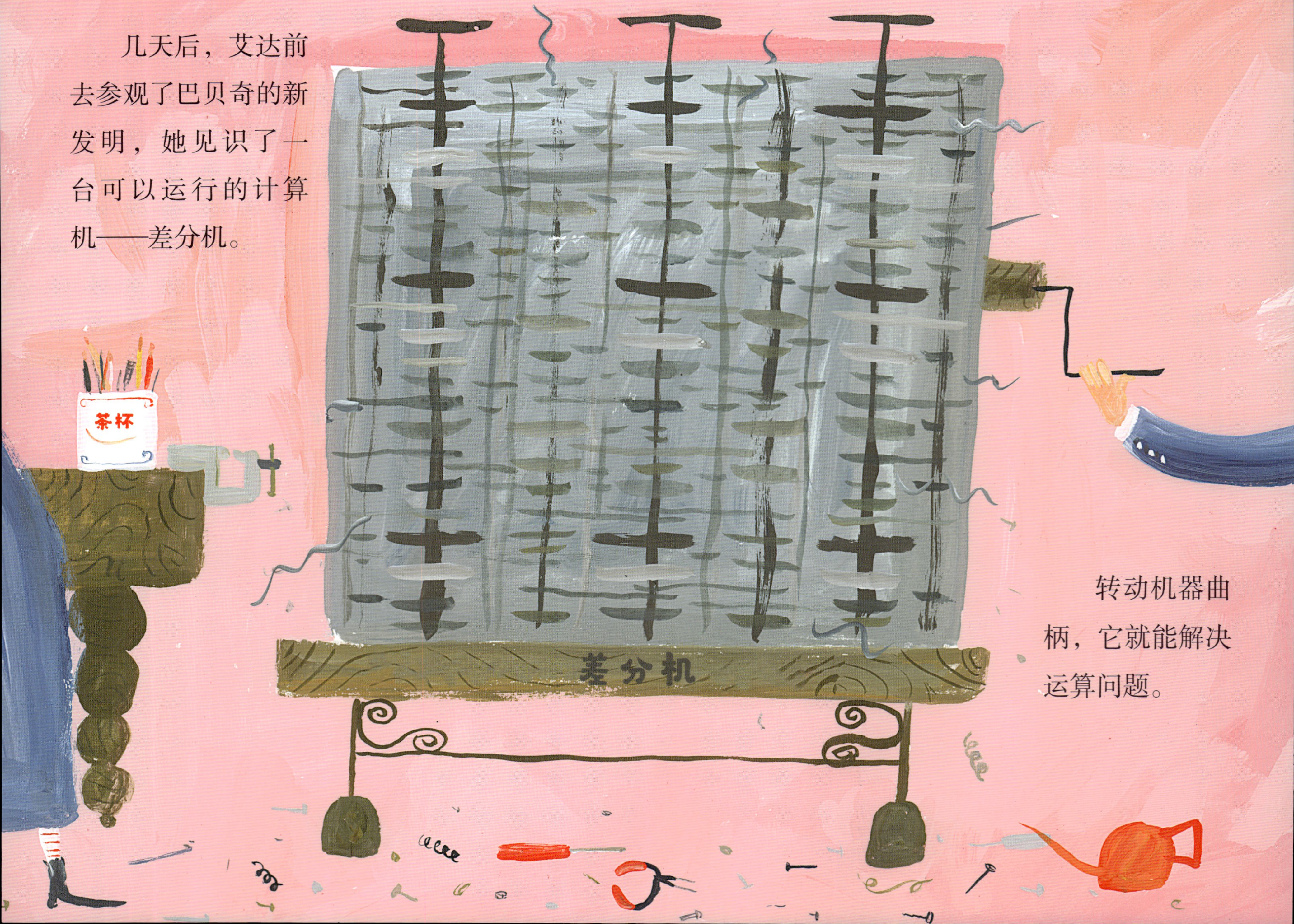

转动机器曲柄，它就能解决运算问题。

人们称之为“可以思考的机器”，可艾达更清楚，拥有智慧的不是机器，而是它的天才设计者。

那天，她立刻感到和查尔斯·巴贝奇有了联系。

她想在工作上帮助查尔斯·巴贝奇。

科学史上最非凡的一段友谊就此拉开序幕。

然而，拜伦夫人可不这么想。她觉得艾达需要的不是什么工作，而是一个丈夫。十九岁那年，艾达嫁给了富有的贵族威廉·金，后来威廉·金封爵，成了洛芙莱斯伯爵，艾达·拜伦·金的名字也随之更改，从那以后，她将以艾达·洛芙莱斯这个名字载入史册。

洛芙莱斯伯爵

二十四岁时，艾达已经是三个孩子的母亲——两个大点儿的孩子刚能在幼儿园里满地跑，最小的那个还在襁褓中。

但是，她并没有放弃梦想，梦想只是暂时搁置了。

终于，她迎来了属于自己的巅峰时刻。

当时，巴贝奇忙着研究一台具有革命性的新机器，名叫分析机。分析机靠蒸汽驱动（当时还没有电），能处理的已经远远不止加减运算。

分析机可以处理各种不同的数学运算，还可以将运算结果存储下来，方便之后使用。最棒的是，巴贝奇借鉴了杰卡德的思路，用穿孔卡片给分析机下指令，所以，它可以轻松地从一种运算转换为另一种运算。

简而言之，查尔斯·巴贝奇发明了第一台可完全编程的通用数字计算机。

可问题是，他的分析机还只是纸上谈兵，制造这样的机器需要巨款。为了筹钱，巴贝奇必须加大宣传。

艾达的机会来了。关于分析机，之前曾有一篇论文专门介绍过，不过那篇文章是法语的。艾达把它翻译成了英语，这样论文才得以在英国发表。

巴贝奇请艾达在文末加附注，解释通用计算机的功能。

艾达是这项工作的不二人选。她不仅了解分析机的工作原理，还擅长写作。她知道计算机除了处理数字之外，还有很多用途。在这方面，她的见识甚至远远超过了巴贝奇本人。

分析机可以处理包括文字、音符在内的所有符号。

艾达甚至想象，分析机可以写文本、作曲、复制图片，还可以玩国际象棋、跳棋之类的游戏。

但是，要实现这些功能，符号和指令先要转化成数字形式。

今天，我们称之为编程。

1

为了举例说明，她和巴贝奇选了一组非常复杂的数字进行运算，即伯努利数。接着，艾达一步步演示了怎样给分析机编程。

2

3

7

8

9

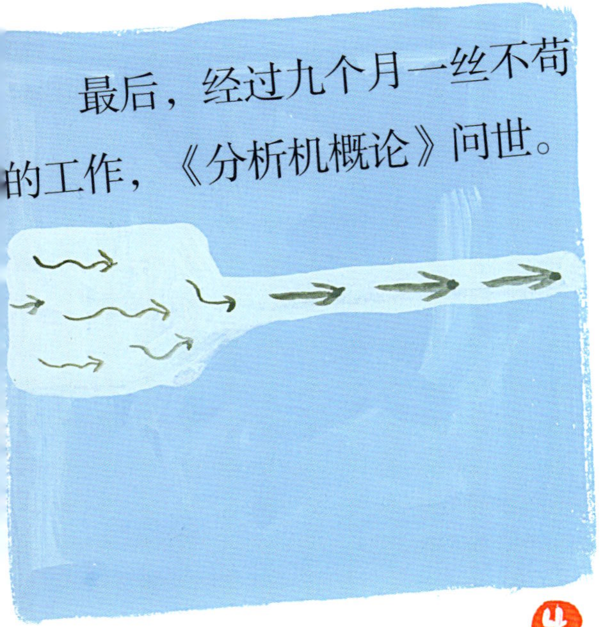

4

5

6

10

艾达的译者附注几乎是原文的三倍长。

但她没有署上自己的全名，只写了名字的缩写“A.A.L.”。

11

12

艾达不在乎成名与否。那个曾梦想着飞翔的女孩，曾渴望用自己的头脑做重要事情的女孩，最终实现了人生的腾飞。她已经预见了未来，已经想象出了一个百年后才会到来的计算机时代。

在演示如何给伯努利数编程时，艾达·洛芙莱斯已经写出了世界上第一个正式出版的计算机程序。

作者的话

艾达再也没有写出新的科学论文。很不幸，年仅 36 岁的她就因癌症去世了——她赫赫有名的父亲也是 36 岁去世的。巴贝奇的分析机并没有制造成功。巴贝奇晚年时，人们认为他很失败。虽然艾达和巴贝奇的合作标志着计算机时代的开端，但他们的努力和当今的计算机发展并没有直接的联系。巴贝奇开创性的发明和艾达具有前瞻性的译文和附注很快就被遗忘了。

多年后，艾达的译文和附注重新面世。我们知道，破译德军著名密码系统“谜”的计算机先驱阿兰 · 图灵，就看过艾达的译文和附注。艾达断言，计算机是无法进行创造性思考的，图灵对此极有兴趣，称这一观点为“洛芙莱斯夫人的否定”。成功研制 Mark I 计算机的霍华德 · 艾肯，也读过艾达的译文和附注。“如果巴贝奇能再活 75 年，”他说，“我就真的失业了。”

1991 年，伦敦科学博物馆的一个团队成功复制出差分机 2 号。这台差分机运行良好。2011 年，这个团队又开始了一项更加雄心勃勃的工作。这次，他们准备构建庞大且复杂得多的分析机。他们预期这项工作需要 10 年才能完成。敬请期待！

争议

大约 25 年前，个别学者提出质疑，认为附注并非出自艾达之手，可能是巴贝奇所作。他们肯定有合作，但只要看过他们之间频繁往来的书信，看过巴贝奇传记中对艾达中肯的描述，你就不会质疑艾达身为附注作者的真实性。学界普遍认为，巴贝奇算出了复杂的伯努利数，完成了艰巨的任务，在艾达生病时为她省去了不少烦琐的工作；学者们还认为，艾达发现了巴贝奇的一个错误，并做了纠正。但是，真正为这些数字编码，应用到分析机上的人是艾达。连巴贝奇都说，她完成了“不同题目的代数运算”。从信中可以明确看出，艾达添加了图表，将指令分解成具体步骤。基于此，绝大多数学者认为，艾达的算法就是最早的计算机程序。

阿尔弗雷德 · 查隆所作艾达画像，1838 年。非私有。

大事记

1804 年	约瑟夫·玛丽·杰卡德发明了一种由穿孔卡片控制的自动织布机
1815 年	1月2日，拜伦第六世勋爵乔治·戈登·拜伦（即拜伦勋爵）和安娜·伊莎贝拉（安娜贝拉）·米尔班克结婚；12月10日，奥古斯塔·艾达·拜伦于伦敦出生
1816 年	1月16日，拜伦勋爵与拜伦夫人离婚；4月25日，拜伦勋爵离开英国
1824 年	4月19日，拜伦勋爵于希腊去世，享年36岁
1828 年	艾达尝试发明飞行器
1833 年	艾达结识查尔斯·巴贝奇，见识了差分机
1834 年	巴贝奇开始研究分析机
1835 年	7月8日，艾达与威廉·金结婚，婚后育有三个孩子。1836年，小拜伦出生; 1837年，安娜贝拉出生；1839年，拉尔夫·戈登出生
1840 年	巴贝奇在意大利都灵就分析机发表演讲；瑞士一本科学杂志刊登了路易基·梅达布雷亚关于分析机的论文
1842 年	艾达聘请家教，重新开始学习数学
1843 年	艾达的译文和附注问世
1852 年	11月27日，艾达因癌症去世。她葬在了拜伦祖居附近的一个小教堂旁，紧挨父亲的陵墓
1871 年	10月18日，查尔斯·巴贝奇去世
1931 年	麻省理工学院教授万尼瓦尔·布什制造出微分分析机，即第一台现代模拟计算机
1936 年	阿兰·图灵发明了图灵机
1944 年	IBM公司研制出MarkI计算机
1977—1983 年	美国国防部发明了一种计算机编程语言，旨在将其和其他计算机语言结合，并命名为“Ada”，以纪念艾达·洛芙莱斯
2009 年	伦敦宣布设立一年一度的国际艾达·洛芙莱斯日，以提升女性对STEM（科学、技术、工程和数学）领域的认识
2012 年	12月10日，在艾达·洛芙莱斯诞辰197年之际，谷歌以涂鸦方式纪念这位女性

参考资料

Collier, Bruce and MacLachlan, James. *Charles Babbage and the Engines of Perfection.* New York/Oxford : Oxford University Press,1998.

Essinger, James. *Ada's Algorithm: How Lord Byron's Daughter Ada Lovelace Launched the Digital Age.* Brooklyn/London: Melville House, 2014.

Isaacson, Walter. *The Innovators: How a Group of Hackers, Geniuses, and Geeks Created the Digital Revolution.* New York: Simon and Schuster, 2014.

Swade, Doron. *The Difference Engine: Charles Babbage and the Quest to Build the First Computer.* New York: Penguin Books, 2001.

Toole, Betty Alexandra. *Ada, the Enchantress of Numbers: Poetical Science.* Sausalito, California: Critical Connection, 1992.

Toole, Betty Alexandra. *Ada, the Enchantress of Numbers: A Selection from the Letters of Lord Byron's Daughter and Her Description of the First Computer.* Mill Valley, California: Strawberry Press, 1992.

Woolley, Benjamin. *The Bride of Science: Romance, Reason, and Byron's Daughter*. New York: McGraw-Hill, 1999.